A ARTE DE SEGUIR EM FRENTE

ANDRÉ TRIGUEIRO

InterVidas

CATANDUVA • SP
2025

A ARTE
DE
SEGUIR
EM
FRENTE

SUMÁRIO

1. ATENTO AOS SINAIS
2. VAI PASSAR
3. MUDANÇA DE ESTAÇÃO
4. SITUAÇÕES INDESEJADAS
5. HÁ SAÍDA
6. PORTAS QUE SE ABREM
7. LIDANDO COM A MÁGOA
8. JARDINEIRO FIEL
9. SAÚDE INTEGRAL
10. OS IMPREVISTOS
11. ARREGAÇAR AS MANGAS
12. DESPERTAR SILENCIOSO
13. PENSE ANTES
14. TEMPO DE TELA
15. NO MESMO BARCO
16. MATURIDADE

17 TRAVESSIA EQUILIBRADA
18 ATENÇÃO PLENA
19 NOSSA FREQUÊNCIA
20 RECONCILIAÇÃO
21 HERÓIS ANÔNIMOS
22 ESCAPISMO
23 FERMENTO ESPIRITUAL
24 A IMPORTÂNCIA DA ESCUTA
25 NOSSA BAGAGEM
26 RESIGNAÇÃO POSITIVA
27 COMPUTADOR DE BORDO
28 REDE DE GRATIDÃO
29 MOVIMENTO DE MANADA
30 DESACELERE
31 LABIRINTO DIGITAL
32 PROGRAMA DE MILHAGEM

33. OS INVISÍVEIS
34. MANTENDO O PRUMO
35. O LADO DE FORA
36. IMPERFEITO, SIM!
37. NOSSAS ESCOLHAS
38. SORRIA!
39. ERRAR FAZ PARTE
40. QUEM É VOCÊ?
41. EXTINÇÃO EM MASSA
42. ELEVANDO O PENSAMENTO
43. WAZE ESPIRITUAL
44. NÃO É PAZ, É MEDO
45. COMUNIDADE DOS DIFERENTES
46. A CASA COMUM
47. PUXANDO O EXTRATO
48. ILUSÃO DIGITAL
49. TECENDO O PRÓPRIO DESTINO

50 ALÉM DAS NUVENS, O SOL
51 SALVEM-SE!
52 AMOR SEM AMARRAS
53 O VALOR DO IMENSURÁVEL
54 PRECONCEITO
55 ALÔ, CÂMBIO!
56 MESTRE DO SEU DESTINO
57 O MOMENTO DA PAUSA
58 O TEMPO DO LUTO
59 O PODER DA PALAVRA
60 SOLTAR PARA VOAR
61 A CORAGEM DE AMAR
62 VIAJANTES DO INFINITO
63 O TEMPO CERTO
64 PREPARANDO A VIAGEM
65 SE EU QUISER FALAR COM DEUS
66 A CHAVE DO ENTENDIMENTO

67. A RODA DA VIDA
68. AUTOPROGRAMAÇÃO
69. GUIA E MODELO
70. PELO AMOR OU PELA DOR
71. MENOS É MAIS
72. FORÇAS DESCONHECIDAS
73. CIÊNCIA DA PAZ
74. NUTRIÇÃO ESPIRITUAL
75. DESAPEGO
76. RESOLVER PENDÊNCIAS
77. FORÇA INTERIOR
78. IMPULSIVIDADE
79. TRAÇANDO A PRÓPRIA ROTA
80. RENOVAÇÃO CONSTANTE
81. A ARTE DE DIZER BASTA
82. A FORÇA DO PENSAMENTO
83. CORAGEM DE SER QUEM SE É

84 O FAROL INTERIOR
85 TRATADO DE SAÚDE
86 O LIVRO DA VIDA
87 A FOTO E O FILME
88 MELHOR INVESTIMENTO
89 A BAGAGEM
90 OMBRO AMIGO
91 MAPAS DA ALMA
92 A PRÓPRIA ROTA
93 VIRANDO O JOGO
94 PROTEJA-SE
95 AUTOESTIMA
96 MEDITAR E ORAR
97 QUEM NÃO SE COMUNICA...
98 O PODER DO MACHO
99 MÃOS GENEROSAS
100 ESPERANÇAR

ATENTO AOS SINAIS

A vida não é obra do acaso, um acidente de percurso, algo desprovido de um sentido mais profundo que nos alcança e nos conecta com tudo o que vai à volta. Importa estar atento aos sinais, às pistas que cada momento da existência pode nos trazer em situações inusitadas, encontros inesperados, e tudo o que puder nos ajudar a seguir em frente. Fique ligado!

VAI PASSAR

Não importa o tamanho do problema que o aflige neste momento, da dor e do sofrimento que oprimem o seu peito, que estilhaçam o seu coração. Seja qual for a situação que enfrenta,

2

lembre-se de que todos dispomos de recursos preciosos para lidar com os problemas mais difíceis e dar a volta por cima. Evite o desespero e confie na ação do tempo. "Isso também passa", dizia Chico Xavier.

MUDANÇA DE ESTAÇÃO

A tristeza tem o seu lugar. É um sentimento natural e compreensível, que não deveria ser estigmatizado. A tristeza, o desalento, o desânimo, a frustração fazem parte da vida. A alternância desses sentimentos deveria ser entendida como um fenômeno tão natural quanto o fluxo das marés ou a mudança do tempo. Nosso desafio é entender essa dinâmica e não permitir que esses momentos perdurem indefinidamente.

SITUAÇÕES INDESEJADAS

Sempre existirão problemas, obstáculos e limitações. O que muda é a nossa capacidade de lidar com as situações indesejadas. É melhor entender os percalços da vida como convites à evolução, sem nos

4

deixarmos abater, desfrutando ao máximo dos momentos felizes, das pessoas queridas e das oportunidades de sermos pessoas melhores e mais justas. Estamos aqui para isso, não é mesmo?

HÁ SAÍDA

Precipitar o fim da jornada jamais significou alívio ou solução para quem buscou ali uma saída. Se a noite se revelar dolorosa e angustiante, aguarde o amanhecer.

5

Ele certamente trará novas respostas, novas disposições para enfrentar os mesmos problemas. Quem sabe esperar nunca se arrepende. Viver é sempre a melhor opção!

PORTAS QUE SE ABREM

Nem sempre as coisas são tão complicadas quanto parecem. O que nos machuca também nos fortalece. Tudo depende da forma como lidamos com essa experiência. Refletir sobre as situações difíceis da vida pode nos ajudar a seguir em frente. "Quando uma porta se fecha para nós, há sempre outra que se abre", diz o ditado popular. Repare como isso pode estar acontecendo exatamente agora.

LIDANDO COM A MÁGOA

A mágoa é uma ferida aberta no peito que exige atenção para não se transformar em algo pior. Quando não inspira o desejo de vingança, pode infectar a alma com o vírus da amargura por tempo

7

indeterminado. Liberte-se de um sentimento que não lhe pertence. O que aconteceu ficou para trás. O que virá pela frente exige um coração leve o suficiente para abrigar um novo projeto.

JARDINEIRO FIEL

Sem esperança, fica difícil levantar-se da cama, seguir para a escola ou para o trabalho, procurar um novo emprego, ou mesmo realizar as tarefas mais banais do dia a dia. É dela que vem a força que nos impulsiona para frente, mesmo quando tudo parece perdido. A esperança é como uma plantinha frágil, que demanda os cuidados diários de um jardineiro fiel que remove pragas e ervas daninhas. Cuide bem dela!

SAÚDE INTEGRAL

Saúde não é ausência de doença. É um estado de "completo bem-estar físico, mental e social", segundo a Organização Mundial de Saúde. Cuidar da saúde dá trabalho, exige atenção, dedicação, por vezes até a renúncia a certos hábitos que, embora prazerosos, podem comprometer a nossa resiliência. A busca pela melhor saúde possível é o mínimo que devemos fazer por nós mesmos.

OS IMPREVISTOS

Imprevistos acontecem e nem sempre são agradáveis. Mas será que podem realmente ser chamados de "imprevistos"? Seria a vida uma sucessão de eventos aleatórios regidos pelo acaso ou haveria uma força superior que precipita certas ocorrências – positivas e negativas – em nosso favor? Ressignificar os eventos que acontecem em nossas vidas é um exercício de espiritualidade e transcendência. Pense e aja conforme o que acredita. Isso faz toda a diferença!

ARREGAÇAR AS MANGAS

Todos queremos paz, saúde e felicidade, mas nem todos realizamos os movimentos necessários para alcançar esses objetivos. Há quem se vitimize diante das circunstâncias, responsabilizando os outros por tudo de ruim que acontece, sem qualquer movimento em favor de si

11

mesmo. Outros clamam aos céus por uma intercessão divina e aguardam que Deus se manifeste. "Enquanto reza, vai fazendo", ensina o provérbio africano. Não é possível ser feliz sem arregaçar as mangas e trabalhar em favor de si mesmo, do próximo, e do planeta que nos acolhe. Há muito o que fazer.

DESPERTAR SILENCIOSO

Há desconfortos que invadem a alma sem pedir licença, sem motivo aparente, mas com o poder de nos desestabilizar. Por vezes, essa sensação de angústia pode indicar um desejo profundo de realizar algo diferente,

12

algo importante, que não mereceu de nós ainda a devida atenção. Essa inquietude tem sua própria dinâmica e costuma ser a parte mais genuína e sincera de nós mesmos. Alguns a chamam de consciência.

PENSE ANTES

A impulsividade nunca foi uma boa aliada. Precipita ações atabalhoadas com consequências graves, eventualmente de longo prazo. Seja prudente.

13

Cada escolha que fazemos no presente define o traçado do nosso destino. Cultivar a calma e a serenidade nos livra de problemas desnecessários.

TEMPO DE TELA

Contingentes cada vez mais numerosos de jovens e adultos têm dedicado boa parte de seu tempo ao universo digital. Esse é um tempo subtraído das relações interpessoais e de experiências sensoriais no mundo real. A internet não é boa nem má. O uso que fazemos dela é que define a qualidade dessa tecnologia em nossas vidas. Que possamos encontrar o ponto de equilíbrio nessa relação, para o nosso próprio bem.

NO MESMO BARCO

Não é feio nem humilhante pedir ajuda. Estamos todos no mesmo barco – quem hoje está em condição de ajudar, amanhã provavelmente haverá de solicitar a alguém algum

15

tipo de apoio. Nenhum de nós é autossuficiente, nem deveria se imaginar imune a situações desesperadoras. Feliz daquele que pode contar com a ajuda de alguém.

MATURIDADE

Os mais velhos costumam dizer que a vida passa rápido e que precisamos aproveitar intensamente cada momento. Feliz daquele que compreende o sentido da existência e dela

16

desfruta com a alegria e a resignação possíveis. Reconhecer o valor de tudo de bom e de ruim. que nos aconteça é sinal de maturidade. Esse é o nosso aprendizado comum.

TRAVESSIA EQUILIBRADA

Na filosofia budista, o "caminho do meio" (*Madhyamāpratipad* em sânscrito) é aquele mais indicado para os que buscam o equilíbrio. Nem o entusiasmo excessivo dos momentos felizes, nem a depredação da

17

esperança quando tudo parece dar errado. Se a vida tem altos e baixos, que busquemos, com sabedoria, a rota mais afastada dos extremos. Uma vida equilibrada e serena resume a felicidade possível.

ATENÇÃO PLENA

Meditar é ancorar o pensamento no momento presente, fixando a atenção no que acontece aqui e agora. É como um barco à deriva, arrastado caoticamente pelas marés, até o momento em que a âncora é lançada. Nesse instante, independentemente do balanço do mar, a embarcação se estabiliza. Todo timoneiro precisa de um momento de pausa, uma trégua, para seguir em frente revigorado e confiante.

NOSSA FREQUÊNCIA

Quem busca o próprio equilíbrio e se esforça para alcançá-lo irradia uma vibração de serenidade que se estende ao seu redor. Interferimos no campo eletromagnético

19

que nos envolve por meio da qualidade da energia que emanamos. Todos podemos contribuir para um ambiente menos tenso, mais harmônico e pacífico. Depende de nós.

RECONCILIAÇÃO

"Só morre quem vive", diz o ditado. Mas ninguém sabe exatamente quando partirá deste mundo. Isso não deve ser motivo de angústia, mas sim de inspiração para manifestarmos abertamente o apreço que temos pelas pessoas

20

queridas que nos cercam e, se possível, nos reconciliarmos com quem nos desentendemos no passado. Ainda há tempo para isso, mas não todo o tempo do mundo. O momento de fazê-lo é agora.

HERÓIS ANÔNIMOS

É difícil imaginar o que seria da Humanidade sem a presença luminosa de um exército anônimo de voluntários que se desdobram em diferentes frentes de trabalho. É gente que nos faz acreditar

21

no ser humano e no poder do amor. Exemplos de abnegação, renúncia e ações concretas em favor dos que mais precisam de ajuda. Ser voluntário faz toda a diferença!

ESCAPISMO

Lazer e entretenimento tornam a vida mais leve e suportável. Como viver sem alegria e diversão? No entanto, a exaltação do prazer contínuo – por todos os meios ao nosso alcance – esconde armadilhas perigosas. Tudo na natureza

22

vibra na frequência do equilíbrio. Os excessos comprometem a saúde física, mental e espiritual. Se a diferença entre o remédio e o veneno está na dose, que a moderação seja nossa fiel escudeira.

FERMENTO ESPIRITUAL

Cada pensamento, cada sentimento, cada atitude reverberam e alcançam todos aqueles que estão à nossa volta. Nenhum de nós está encapsulado em si mesmo, e quanto mais evoluído for o nosso pensamento, quanto mais inspirado for o nosso sentimento, quanto mais positiva for a nossa atitude, mais abrangente será a nossa irradiação luminosa. "Um pouco de fermento leveda a massa toda", escreveu Paulo de Tarso. *Bora* fermentar coisa boa por aí?

A IMPORTÂNCIA DA ESCUTA

Um dos produtos mais raros no mercado é... uma escuta atenciosa. Para ouvir, basta ter audição. Para escutar, é preciso ouvir com atenção, mostrar

24

interesse. Escutar é verbo auxiliar de amar. Se você ama alguém, aprenda a escutá-lo. O aprendizado é difícil, é duro, mas absolutamente necessário.

NOSSA BAGAGEM

Quem se apega ao que é transitório sofre mais. Quem exercita o desapego, sofre menos. No mundo da matéria, tudo é passageiro. Enquanto estivermos por aqui, devemos investir

25

tempo e energia naquilo que é imperecível: nossas conquistas morais, intelectuais e emocionais. É isso que cabe na bagagem da viagem de volta. O resto fica.

RESIGNAÇÃO POSITIVA

Muita gente entende a palavra *resignação* como algo negativo, que remete à aceitação passiva de alguma situação adversa. Há, entretanto, outra leitura possível dessa palavra: é quando nos deparamos com situações irreversíveis, irremediáveis, e descobrimos que a melhor maneira de lidar com elas é aceitá-las sem revolta ou ressentimentos. "O que não tem solução, solucionado está". E a vida segue, como deve ser.

COMPUTADOR DE BORDO

Nossa mente se assemelha a um computador que necessita de cuidados constantes. Para que o equipamento funcione bem, recomenda-se, logo no início do dia, um ajuste de sintonia através da prece ou da meditação.

27

É como limpar o HD ou aplicar um antivírus no sistema antes de submetê-lo a mais uma jornada de trabalho. Uma mente serena e tranquila responde com mais eficiência aos múltiplos estímulos de um dia atribulado.

REDE DE GRATIDÃO

Ninguém é autossuficiente, e quanto mais cedo descobrimos isso, melhor. Precisamos uns dos outros para crescermos psíquica e emocionalmente. Vale também para termos alimento, moradia, transporte, energia, limpeza pública etc. Nesse imenso formigueiro humano, onde

28

cada indivíduo realiza uma função útil, sejamos gratos ao coletivo que sustenta a vida. Faça chegar, por palavras ou vibrações, essa gratidão aos que o cercam: "Obrigado por você existir; você faz toda a diferença para mim e para a nossa coletividade. Deus o abençoe e proteja!"

MOVIMENTO DE MANADA

"Não é sinal de saúde estar bem adaptado a uma sociedade doente", dizia o filósofo indiano Jiddu Krishnamurti. É um convite para resistirmos a uma cultura opressora que banaliza a existência e violenta os reais

29

interesses de cada um. Não é fácil descobrir quem se é, pensar com a própria cabeça e realizar as próprias escolhas. Evite o movimento de manada. Descubra para que lado aponta a sua bússola.

DESACELERE

Vivemos em um mundo onde o verbo "desacelerar" passou a ser uma meta importante! Não são poucos os que percebem, em sofrimento, que é preciso pisar no freio. O rabino Nilton Bonder lembra que "onde não há pausa, a vida lentamente se extingue" e que

30

"a incapacidade de parar é uma forma de depressão". Muitos perdem a saúde – quando não a própria vida – com pressa de chegar a nenhum lugar. Se perceber que a sua vida é uma correria insana, tente desacelerar. A vida agradece.

LABIRINTO DIGITAL

Nas redes sociais, há de tudo para todos os gostos. Importa saber o que você está fazendo nelas e o que deseja absorver desse ambiente. Quanto mais tempo navegando de forma desatenta no

31

universo *on-line*, maior o risco de acessar conteúdos que possam deixá-lo angustiado ou infeliz. Tenha clareza sobre seus objetivos para não se perder no labirinto digital.

PROGRAMA DE MILHAGEM

A maturidade nos oferece oportunidades valorosas de exercitar a paciência e a maior seletividade no emprego do tempo e da energia. Ela também nos mostra como aproveitarmos de forma inteligente a experiência

32

acumulada ao longo dos anos. Sejamos sábios no acolhimento dessa lei da natureza. Use os pontos do programa de milhagem. Que o envelhecimento do corpo não constranja a juventude da alma que nos anima e sustenta.

OS INVISÍVEIS

Quantas pessoas cruzam o seu caminho e você não as percebe, não as cumprimenta, ignora, por vezes até desvia o olhar? O "manto da invisibilidade" é um estigma doloroso. Mais do que sinal de respeito, perceber as pessoas significa reconhecê-las como dignas da nossa atenção. Não custa tratá-las como desejamos ser tratados.

FORÇAS DESCONHECIDAS

Lembra-se de quantas vezes conseguiu resolver problemas aparentemente insolúveis? Ou da forma criativa como alguém próximo lidou com situações extremamente

34

difíceis? Sim, somos mais fortes e resilientes do que imaginamos. Investir tempo e energia na busca por uma solução é um exercício revelador. Não subestime o poder que possui.

O LADO DE FORA

Cuidar da aparência não é um problema, muito pelo contrário. A grande questão é quando os cuidados excessivos com o próprio corpo revelam o apego ao que é transitório e a dificuldade de aceitar as

35

consequências da marcha inexorável do tempo. Quem superestima os padrões exteriores de beleza sabota a autoestima e gera infelicidade. Previna-se dessa armadilha!

IMPERFEITO, SIM!

Nenhum de nós deveria ter vergonha de ser imperfeito. Aceitar essa realidade nos ajuda a enfrentar situações difíceis sem cobranças excessivas ou injustas. O importante

36

é ter discernimento e equilíbrio para descobrir a melhor maneira de lidar com cada situação. E cultivar a coragem para seguir em frente com novas disposições.

NOSSAS ESCOLHAS

Se o noticiário está pesado, repleto de notícias ruins, e isso te abala, conceda uma trégua para si mesmo no consumo das informações dilacerantes. Se o momento é difícil, por que acessar conteúdos que aprofundem a desesperança ou a tristeza? Faça diferente!

37

Priorize leituras edificantes, músicas inspiradoras, companhias agradáveis, lugares que te animem. Sim, temos o poder de realizar escolhas no dia a dia, a todo instante, que nos favoreçam ou nos prejudicam. Quem ama, cuida. Cuide bem de você!

SORRIA!

"Eu me sinto realizado por conseguir te fazer feliz. Rir é um ato de resistência", dizia o humorista Paulo Gustavo, que nos deixou em 2021, ainda jovem, vítima da covid-19. Sua frase mais famosa sugere que o riso, como expressão de alegria, vai na contramão de uma cultura que estigmatiza o humor, a leveza e a irreverência, elementos fundamentais à vida e à saúde mental. Sim, é preciso resistir ao pessimismo, ao catastrofismo, à visão apocalíptica que tenta sobrepor o cinza ao colorido da existência.

ERRAR FAZ PARTE

Não seja um juiz implacável de si mesmo. A autocobrança é bem-vinda quando não exaure as disposições em favor da reforma íntima. Somos aprendizes da vida, lidando com as nossas muitas imperfeições da melhor maneira possível.

39

Permita-se o erro, não se culpe nem se sinta frustrado. Estamos juntos nessa empreitada, almejando as mesmas coisas, enfrentando nossos próprios obstáculos. O importante é seguir em frente.

QUEM É VOCÊ?

Um dos maiores desafios da vida é descobrir quem somos. E cada um faz essa descoberta ao seu modo, no seu tempo e da forma que melhor lhe convier. O autoconhecimento é o ponto de partida para

40

os movimentos mais importantes da nossa existência. Respeite-se, ame-se e faça o que entende ser o certo, respeitando, igualmente, o direito dos outros serem quem são.

EXTINÇÃO EM MASSA

A Terra, essa velha senhora de quase 5 bilhões de anos – Gaia, na mitologia grega – já registrou pelo menos cinco grandes extinções em massa causadas por cataclismos naturais. Hoje, vivenciamos a sexta grande onda de extinção, mas, desta vez, não provocada por nenhum fenômeno natural: somos nós os responsáveis diretos. O fato é que essa destruição também nos ameaça. É preciso reagir! Cuidar do planeta é cuidar de nós mesmos, do nosso lar no universo – o único que temos.

ELEVANDO O PENSAMENTO

A prece dispensa palavras bonitas, rituais ou lugares especiais. Eleve o pensamento a Deus abrindo seu coração sem receios, confiando na eterna assistência de quem nunca te abandona. A prece é recurso indispensável na busca pela paz e pela harmonia, no apaziguamento íntimo que empresta lucidez à jornada, no robustecimento da coragem e da determinação de seguir em frente, haja o que houver. Ora que melhora!

WAZE ESPIRITUAL

Todas as escolhas que fazemos na vida – e são muitas todos os dias – têm origem no livre-arbítrio. Essas decisões determinam consequências boas ou más que definem o nosso destino e o daqueles que nos cercam. São essas

43

escolhas que nos abrem as portas do conhecimento e da sabedoria. Acertar e errar são contingências da vida. O importante é escolher de forma consciente, seguindo valores e princípios
que nos sejam caros.

NÃO É PAZ, É MEDO

O extremismo é um câncer que irradia ondas de intolerância e preconceito, solapando o respeito pelas opiniões divergentes, asfixiando o diálogo e oprimindo outras formas de pensar, de sentir e de existir. O radicalismo distorce a realidade e envenena as relações interpessoais sem qualquer compromisso verdadeiro com a cultura de paz. Como diz a música do Rappa, "[...] paz sem voz / Não é paz, é medo". A verdadeira paz tem origem no respeito à diversidade.

COMUNIDADE DOS DIFERENTES

A diversidade está no DNA do universo! Na natureza, quanto maior a variabilidade genética, maior a capacidade de uma espécie se manter viva e resiliente. Da multiplicidade dos elementos da tabela periódica nasce a imensidão das galáxias

45

que se espalham pelo infinito. A diversidade de línguas, credos e etnias explica a riqueza da cultura humana. Se "a beleza do jardim de Deus está na diversidade das flores", por que discriminar quem é diferente de você?

A CASA COMUM

O meio ambiente começa no meio da gente. Somos parte da natureza e precisamos cessar a onda de destruição que assola o planeta, e que também nos atinge. Proteja as florestas, as fontes de água, o clima e a biodiversidade.

46

Seja um consumidor consciente e dê a destinação inteligente para o lixo. A cada dia, renova-se a oportunidade de fazermos algo pela nossa casa comum. É o nosso futuro que está em jogo!

PUXANDO O EXTRATO

Você é hoje a melhor versão de si mesmo, fruto da soma de todas as experiências, relacionamentos, dores e alegrias, erros e acertos. Um imenso estoque de vivências que moldou um

47

jeito único de pensar, sentir e fazer. Ter consciência de todo esse aprendizado é importante, mas reconhecer que ainda há muito a melhorar é fundamental. Sem humildade não se vai longe.

ILUSÃO DIGITAL

Repare como as *selfies* costumam mostrar o lado mais bem resolvido, supostamente feliz e alegre das pessoas. Quase ninguém parece disposto a revelar uma versão mais "real" da própria vida. A cultura da *selfie* parece ser aquela em que nos rendemos à

48

ditadura da eterna alegria, compartilhando imagens de um personagem que não nos representa verdadeiramente. Pura ilusão. Livre-se do risco de deturpar acintosamente quem você é. Essas histórias não terminam bem.

TECENDO O PRÓPRIO DESTINO

Não somos fantoches do destino. Cabe a nós, por meio do livre-arbítrio, realizar no teatro da vida as escolhas que nos pareçam as mais acertadas. Somos os protagonistas das

49

nossas próprias histórias e ter consciência desse processo nos ajuda a perceber o quanto a vida é preciosa. Seja um bom roteirista da sua história.

ALÉM DAS NUVENS, O SOL

Evolução espiritual não é concurso para santidade. Haverá obstáculos, percalços e hesitações, mas o que importa é seguir sempre em frente. Estamos aqui para superar, de forma criativa e persistente, as nossas muitas limitações.

50

Esse é o propósito mais importante da existência, e as dificuldades que nos atrapalham a jornada devem ser entendidas como desafios evolutivos. Um passo de cada vez. Vai dar certo!

SALVEM-SE!

A Terra é capaz de suportar grandes cataclismas – como já fez tantas vezes – e seguir em frente. Pode levar milhares ou até milhões de anos para se recuperar, mas isso acaba acontecendo. Com a gente é diferente. Sem água potável, solo fértil e ar respirável, nós perecemos. Na verdade, não é o planeta que precisa ser salvo, somos nós. Sem natureza protegida e em equilíbrio, corremos risco. Está mais do que na hora de cuidarmos da nossa casa comum!

AMOR SEM AMARRAS

Desapego não é indiferença, nem desapreço. É a compreensão de que transitamos pela vida nos relacionando intensamente com pessoas e coisas, sabendo que pessoas e coisas estão

52

de passagem. Os laços de amor permanecem para sempre. Os reencontros com as pessoas queridas tornam a imortalidade uma experiência fascinante. No entanto, a impermanência é algo com o que precisamos lidar com a devida atenção.

O VALOR DO IMENSURÁVEL

As coisas mais importantes da vida não têm preço. Não é possível comprar amor verdadeiro. Os amigos do peito também não estão à venda, assim

53

como a crença em Deus.
Em um mundo repleto
de apelos comerciais que
prometem o impossível,
lembre-se que as melhores
coisas da vida têm valor,
mas não têm preço.

PRECONCEITO

Racismo, machismo, retarismo, gordofobia... A lista é longa e nos desafia a cada dia. É difícil imaginar alguém totalmente livre da chaga de um preconceito herdado da cultura, da família, dos ambientes que frequenta, entre outros. Importa

54

ter consciência deles e trabalhar para erradicá-los. Todo julgamento prévio, invariavelmente negativo e infundado, é sinal de ignorância. Impossível imaginar um mundo melhor e mais justo onde o preconceito esteja presente.

ALÔ, CÂMBIO!

Em todas as religiões e correntes espiritualistas, a prece é exaltada como o exercício sublime de contato com Deus ou com as forças superiores que nos assistem e nos protegem. No entanto, para que essa comunicação seja bem-sucedida, é preciso elevar a frequência

55

do pensamento, ajustar a sintonia e qualificar o meio pelo qual podemos pedir, louvar ou agradecer. Quando um minúsculo vagalume realiza o trabalho de produzir luz na floresta escura, seu esforço é percebido de longe. E faz a diferença.

MESTRE DO SEU DESTINO

A marcha evolutiva consumiu milênios de rodagem por todos os reinos da natureza para que pudéssemos chegar até aqui. Libertos da prevalência do instinto, alcançamos o reino hominal dotados de razão, intelecto superior e noção de Deus.

56

Chegou a hora de fazermos bom uso dos recursos adquiridos, escolhendo com cuidado e discernimento qual caminho nos convém. Que privilégio sermos os mestres dos nossos destinos, os capitães das nossas almas!

O MOMENTO DA PAUSA

A natureza humana impõe limites que precisam ser respeitados. No *Velho testamento*, quando se diz que Deus criou o mundo em seis dias e descansou no sétimo, numerosas correntes de teólogos convergem na interpretação de que o sentido espiritual dessa passagem da *Gênese* é a necessidade da pausa, do descanso, do silêncio, da inação. Pense nisso!

O TEMPO DO LUTO

Quando perdemos um ente querido, por mais dolorosa que seja essa experiência, não há alternativa a não ser vivenciar o luto – pelo tempo que for necessário – e tocar a vida sem aquele que partiu. É a resignação

58

positiva. Ainda que nos sintamos profundamente abalados, é preciso aceitar a realidade da morte como algo inerente à vida. A legitimidade dessa dor é tão verdadeira quanto o consolo que o tempo pode oferecer.

O PODER DA PALAVRA

As palavras determinam fatores de cura ou de adoecimento. Quanto maior o repertório de palavras positivas e inspiradoras de alguém, maior será o efeito terapêutico desse banquete de fonemas.

Muda-se o campo eletromagnético de um lugar em que as palavras expressas com amor irradiam ondas de alegria, conforto e esperança. Seja cuidadoso com as palavras.

SOLTAR PARA VOAR

Eles chegam ao mundo arrebatando corações. Como resistir àquela aparência frágil e inocente? Com eles, aprendemos a amar intensamente, sem medir esforços para ajudá-los em tudo. O tempo passa, e para muitos pais, fica difícil entender que os filhos não são posses. Boa educação é aquela que prepara as crianças para realizarem voos solo, seguindo seus próprios caminhos com autonomia e confiança. E que voltem sempre que desejarem para matar as saudades.

A CORAGEM DE AMAR

Em sua obra mais conhecida mundialmente, Antoine de Saint-Exupéry parece ter desvendado em *O pequeno príncipe* o grande mistério por trás daqueles que ensinam o caminho do amor por meio de seus próprios exemplos: "O verdadeiro amor nunca se desgasta. Quanto mais se dá mais se tem". Que tenhamos a coragem de amar assim!

VIAJANTES DO INFINITO

Se, apenas na Via Láctea, existem aproximadamente 17 bilhões de planetas semelhantes à Terra – segundo os astrofísicos da Universidade de Harvard –, por que razão viemos parar justamente aqui? Os espíritas costumam dizer que o acaso não existe. Estaríamos aqui porque esta é a nossa casa no universo. Sendo assim, cuide bem dela e de você.

O TEMPO CERTO

Reconhecer o tempo certo de cada coisa é uma das mais importantes lições de sabedoria. Está lá no *Velho testamento*, em *Eclesiastes*, que nos ensina que "neste mundo tudo tem a sua hora; cada coisa tem o seu tempo próprio". Na Grécia Clássica, o termo *kairós* já designava o tempo certo para cada coisa acontecer. Essa noção é basilar também para diferentes culturas indígenas que registram a passagem do tempo numa relação mais profunda com a natureza e seus ciclos. Seja qual for a perspectiva, reconhecer o tempo certo de cada coisa faz toda a diferença.

PREPARANDO A VIAGEM

Espiritualistas ligados a diferentes correntes religiosas ou filosóficas alertam que o apego à matéria pode ser um problema no momento da desencarnação. É o que acontece com um viajante desorientado, sem qualquer noção do que está acontecendo. Quando os assuntos materiais se tornam os mais importantes na breve passagem pelo planeta, torna-se difícil adaptar-nos à realidade do mundo espiritual.

SE EU QUISER FALAR COM DEUS

"Se eu quiser falar com Deus / Tenho que ficar a sós / Tenho que apagar a luz / Tenho que calar a voz [...]", canta o grande poeta da espiritualidade da MPB, Gilberto Gil. Mas, se as condições exteriores não forem ideais, ainda assim é possível estabelecer uma linda e benfazeja conexão, se estivermos internamente possuídos pelo desejo sincero de elevar o pensamento ao Alto.

A CHAVE DO ENTENDIMENTO

É fácil culpar o mundo por tudo o que nos acontece de errado, ou praguejar contra Deus por aquilo que nos parece injusto. Difícil é descobrir as razões pelas quais estamos aqui e por que ainda experimentamos tanto sofrimento. As questões essenciais da existência descortinam horizontes de investigação que podem trazer respostas importantes. Quem procura, acha.

A RODA DA VIDA

Uma vida, por mais longa que seja, oferece muito pouco tempo para aprendermos tudo aquilo de que necessitamos. Os reencarnacionistas dividem o tempo em parcelas de eternidade que se desdobram nos planos material e espiritual.

67

Sucessivas encarnações movimentam a espiral evolutiva, oferecendo oportunidades de aprendizagem que se renovam indefinidamente. A roda da vida só cessa quando o aprendizado se completa.

AUTOPROGRAMAÇÃO

A mente é uma tábula rasa, uma "folha de papel em branco", suscetível à programação que cada um estabeleça para si. Reservar parte do tempo para leituras edificantes, músicas que nos inspiram, pessoas cuja proximidade

68

nos fazem bem e lugares que nos encantam ou trazem lembranças positivas são movimentos tão importantes quanto evitar o consumo de informações tóxicas que possam gerar angústia, ansiedade ou desesperança.

GUIA E MODELO

Apontado pelos cristãos como o maior exemplo de ser humano que já passou por este planeta, Jesus ocupava boa parte de seu tempo orando, meditando e praticando o bem. Mesmo na condição de espírito perfeito, não descuidou da autoprogramação mental, robustecendo suas disposições no roteiro messiânico que abraçou. Se com toda a sua envergadura ética, moral e espiritual Jesus se cercou de tantos cuidados, por que nós haveríamos de nos descuidar?

PELO AMOR OU PELA DOR

O amor liberta, aguça os sentidos, expande horizontes de percepção e nos encoraja a sermos pessoas melhores. A dor, por sua vez, nos instiga a refletir sobre o motivo do sofrimento, acelerando processos

70

na busca por soluções. O amor e a dor podem ser entendidos como poderosas ferramentas de transformação, indispensáveis para todo andarilho que avança na senda evolutiva.

MENOS É MAIS

Quantos de nós ainda confundimos felicidade com acumulação de bens e posses? Quantas vezes transferimos para objetos descartáveis e perecíveis o poder de nos fazer felizes? Previna-se dessa armadilha.

71

Quem se condiciona a viver com muito perde a noção do que realmente necessita para se realizar de verdade. A desnutrição espiritual pode ter consequências bastante dolorosas.

MANTENDO O PRUMO

É admirável quando conseguimos resistir ao pessimismo, mantendo o prumo sem entregar os pontos. Mesmo sob pressão de algo muito ruim, a voz que se levanta em favor do bom senso, procurando ver o lado positivo das

72

coisas, é um bálsamo nos momentos difíceis. Longe de aceitar passivamente a situação que nos é desfavorável, a resignação positiva nos permite lidar com as adversidades da vida com inteligência e discernimento.

CIÊNCIA DA PAZ

"Sede pacientes. A paciência também é uma caridade", diz a mensagem assinada por um Espírito amigo em *O Evangelho segundo o espiritismo*. Já pensou quantas situações difíceis poderiam ser evitadas se não agíssemos de forma tão impulsiva? Quantos casamentos seriam salvos? Quantas amizades continuariam firmes? Às vezes, a melhor resposta é o silêncio. Não se envolver em discussões acaloradas ou ignorar provocações também ajuda. Cultivar a mente serena é o desafio diário de quem busca saúde e qualidade de vida.

NUTRIÇÃO ESPIRITUAL

"Nem só de pão viverá o homem", assinalou Jesus em uma passagem do *Evangelho*, indicando a necessidade dos nutrientes espirituais para nossa saúde integral. Todo movimento que fazemos em direção à transcendência, à espiritualidade (que não é sinônimo de religião) e à busca por respostas que conferem sentido à nossa existência, nos sacia a alma faminta de luz e de paz.

DESAPEGO

Não somos donos de nada, nem de ninguém. Deste mundo, só levamos a nossa própria consciência, tão leve quanto a nossa capacidade de fluir

na direção das coisas essenciais. Só os laços de amor são imperecíveis.
O resto é memória, experiência e aprendizado.

RESOLVER PENDÊNCIAS

Deus não seria soberanamente justo e bom se não permitisse a reparação dos nossos erros e a renovação das oportunidades para alcançarmos a paz e a felicidade. Não temos todo o tempo do mundo para

76

ajustar as contas com a nossa consciência. Todos sabemos quando erramos, mas adiamos o máximo possível a reparação dos danos causados. A hora é agora. Depois pode ser tarde demais.

FORÇA INTERIOR

Num universo dinâmico, onde tudo está em movimento, é preciso força para vencer a inércia. São muitas as situações em que nos sentimos aprisionados na rotina, refugiados na zona de conforto, sem

77

ânimo para seguir em frente. Vida é movimento, e nenhum movimento é possível sem o uso da força! Mesmo quando o corpo não pode se mexer, a força da mente opera prodígios.

IMPULSIVIDADE

Agir por impulso é um risco. Inúmeras tragédias poderiam ter sido evitadas quando a impulsividade pudesse ser contida. A sabedoria popular recomenda "contar até dez" antes

78

de responder a uma situação hostil. Há sempre uma forma mais inteligente de lidar com imprevistos desagradáveis. E ela inevitavelmente passa pela paciência.

TRAÇANDO A PRÓPRIA ROTA

A vida parece ser uma combinação de livre-arbítrio com destino. O privilégio de realizar escolhas sem o determinismo do instinto é o que nos distingue dos animais irracionais. Só há livre-arbítrio quando temos o precioso recurso

79

da consciência, e ela pesa quando fazemos escolhas erradas da mesma forma que reage com leveza quando acertamos. Acertar e errar faz parte do jogo, geram efeitos distintos, e definem o nosso destino. Boas escolhas ajudam a traçar um futuro auspicioso.

RENOVAÇÃO CONSTANTE

Ainda que não tenhamos sabedoria suficiente para distinguir sempre, com a devida precisão, qual o melhor caminho a seguir, que não nos falte a percepção de que as oportunidades de acertar se renovam constantemente.

Ou seja, é possível redesenhar a cada instante o nosso projeto de vida. "Cada segundo é tempo para mudar tudo para sempre", teria dito o gênio da comédia, Charles Chaplin. Ânimo! É sempre possível recomeçar!

A ARTE DE DIZER BASTA

É compreensível fazer concessões em favor dos outros como um gesto de simpatia ou até por caridade. Isso também é amor. Mas aquele que se anula sistematicamente para atender às vontades

81

alheias tem muito a perder. Especialistas dizem que a dificuldade de impor limites depreda a autoestima e abre caminho para estados depressivos. É, portanto, uma questão de saúde! Preserve-se!

A FORÇA DO PENSAMENTO

O pensamento não é uma abstração. Ele tem força e direção, projeta-se nos espaços e alcança rapidamente seus alvos. Quanto mais intenso, maior o impacto que causa. Pela Lei de Sintonia, atraímos energias afins

82

com o pensamento que projetamos. Convém cuidar sempre da qualidade do pensamento, harmonizando a mente com os recursos da prece e da meditação. "Vigiai e orai", disse o Cristo. Preste atenção no que anda pensando...

CORAGEM DE SER QUEM SE É

É preciso coragem para avançar, descortinando novos horizontes, sem ter certeza de que fez a escolha certa, sem ter o controle absoluto da situação. Haverá quedas, decepções e frustrações, e, ainda assim, o caminho será belo porque será o seu caminho. A coragem de ser quem se é, enfrentando todos os obstáculos que se oponham a esse legítimo direito, resume um dos objetivos mais sublimes da existência!

O FAROL INTERIOR

"Fé" é confiar em um poder que você nem sabe explicar direito o que é, mas que te alimenta a alma, te faz sentir protegido e amparado, aquece o coração nos momentos difíceis e mantém acesa a chama da esperança. "Sejamos sóbrios, vestindo-nos da couraça da fé e da caridade e tendo por capacete a esperança da salvação", escreveu Paulo (*1Ts* 5:8).

TRATADO DE SAÚDE

Não é difícil encontrar entre os estudiosos do cristianismo quem entenda o *Evangelho* de Jesus como um "tratado de saúde". A observância dos princípios éticos e morais do Cristo teria o poder de gerar ondas progressivas de bem-estar, felicidade e paz interior.

85

Esses efeitos terapêuticos seriam potencializados com o exercício do amor desinteressado e altruísta, o perdão sincero, a solidariedade fraternal e outros sentimentos nobres que elevam nossas mentes e corações. Faz bem fazer o bem.

O LIVRO DA VIDA

Citado em vários trechos da *Bíblia*, o Livro da Vida registraria os nomes daqueles que serão salvos no Reino de Deus. A crença na vida após a morte – e num futuro espiritual promissor – é comum a várias tradições. Emmanuel, mentor espiritual de Chico

86

Xavier, resumiu assim essas expectativas: "O bem que praticares em qualquer lugar será teu advogado em toda parte". Ser justo e benevolente seriam condições importantes para garantir um futuro auspicioso na outra dimensão.

A FOTO E O FILME

A vida não pode ser resumida a um fotograma, uma imagem congelada no tempo.
A vida é um filme, uma sucessão de fotogramas que se desdobram em inúmeros momentos,

87

revelando sempre diferentes possibilidades, circunstâncias e perspectivas. Não julgue o todo pela parte. Vida é movimento incessante de oportunidades que se renovam o tempo todo.

MELHOR INVESTIMENTO

Pequenos gestos de amor, algumas poucas palavras gentis, um sorriso discreto que seja, têm o poder de transformar a realidade

88

à sua volta. Experimente! O amor é o único gênero de investimento em que, quanto mais se doa, mais se ganha! Doe-se!

A BAGAGEM

Nunca é demais lembrar que deste mundo só levamos o que cabe no coração. Como ninguém sabe ao certo a hora da viagem, todo dia é dia de arrumar a bagagem, com serenidade e determinação,

89

sabendo que cada momento é único, que o tempo não volta, e que a missão de cada viajante é aproveitar intensamente cada instante dessa aventura. Boa viagem!

OMBRO AMIGO

É impossível realizar qualquer conquista importante na vida contando apenas com os próprios esforços. Somos devedores da preciosa ajuda de muitas pessoas ao nosso redor.

90

A vida se desenrola a partir de encontros que determinam o rumo dos acontecimentos. A gratidão é o sentimento mais básico – e justo – que devemos acalentar ao longo de toda a existência.

MAPAS DA ALMA

Um dos propósitos mais nobres da vida é aprender tudo o que for possível, com entusiasmo e alegria. Trata-se daquela saudável curiosidade que nos precipita na direção do desconhecido, do que ainda não sabemos, do que nos parece exótico. Quem julga saber tudo desperdiça ótimas oportunidades de expandir seu conhecimento, um dos maiores tesouros que alguém pode possuir.

A PRÓPRIA ROTA

Quem se guia pela bússola alheia não costuma se dar bem. Os outros têm suas próprias experiências, acertos e erros, sucessos e fracassos. Escreva sua história com tintas próprias. Todos somos aprendizes das próprias vivências que são pessoais e intransferíveis. Não tenha medo de ser quem você é, com coragem de definir as próprias rotas.

VIRANDO O JOGO

Não é possível construir um mundo diferente com pessoas indiferentes. Que tal transformar o muro das lamentações de cada dia em plataforma de lançamento de novas ideias e atitudes? Resista teimosamente ao conformismo que paralisa a alma. Faça a diferença do jeito possível, da forma que der. Ainda dá tempo! Vamos nessa?

PROTEJA-SE

Por mais confuso que seja o momento, por mais difícil que seja lidar com certas situações, por mais perdido que você esteja se sentindo, mantenha o prumo, o eixo, a centralidade. Não se deixe levar pela insanidade alheia, pela agonia que não lhe

94

pertence, pelo desespero de quem parece sem rumo. Proteja-se naquilo que empresta sentido à sua vida. Fortaleça sua fé, dê nutrientes para sua esperança, higienize o pensamento e desintoxique o sentimento. Cuide-se bem! O resto acontece!

AUTOESTIMA

Aceite-se amorosamente como você é. Perdoe-se, respeite-se, ame-se! A autoestima é a base de tudo. Quando Jesus recomendou que cada um de nós amasse ao próximo como a si mesmo, assinalou que o exercício do amor incondicional começa por nós mesmos.

MEDITAR E ORAR

Quantas vezes você já se percebeu totalmente sintonizado com o momento presente, sem sofrer pelo que passou, e sem se angustiar pelo que ainda vai acontecer? A meditação nos acopla ao

aqui e agora, e isso traz paz.
A prece nos eleva o coração
e a mente, abrindo caminho
para a fluência do espírito.
São muitos os caminhos
que nos levam à sensação
de plenitude. Escolha o que
lhe convém e boa viagem!

QUEM NÃO SE COMUNICA...

Boa parte das crises de relacionamento, em diferentes setores da vida e da sociedade, tem origem exatamente no fracasso do diálogo, na indisponibilidade para uma conversa, na intolerância e na impaciência que prejudicam a nossa comunicação. "Quem não se comunica, se trumbica", dizia um antigo apresentador de TV. A mais poderosa energia do universo, o amor, só acontece onde haja comunicação, troca e intercâmbio.

O PODER DO MACHO

A cultura da violência guarda relação direta com a suposta primazia do macho na sociedade. A predisposição de usar a força para resolver problemas, intimidar em vez de conversar e impor sua vontade como se fosse um direito natural são algumas consequências disso. Homem de verdade é aquele que reconhece o valor, a importância e a urgência da mulher em realizar suas próprias escolhas e definir seus próprios caminhos, sem qualquer subserviência a quem quer que seja.

MÃOS GENEROSAS

Você tem o poder de fazer muita gente se sentir melhor, aliviada, desafogada, esperançosa, tranquila, feliz, em paz. Perceba as oportunidades de interferir positivamente

99

no destino daqueles
que seguem contigo na
jornada – conhecidos ou
estranhos – e deixe Deus
fluir por seus pensamentos,
palavras e atos.

ESPERANÇAR

Já esperançou hoje? É preciso acalentar a esperança todos os dias. Se o momento presente lhe é hostil, daqui a pouco, provavelmente, já não mais o será. Cultivar a esperança significa abrir-se para esse fluxo contínuo de eventos que fazem da vida algo sempre surpreendente, que nos renova e fortalece.

Esta obra é inspirada em textos do autor publicados em livros – *A força do um* e *Sabedoria no dia a dia* – e em rede social – Instagram. O autor revisou e modificou os textos, além de produzir conteúdo inédito especialmente para esta obra.

DADOS INTERNACIONAIS DE CATALOGAÇÃO NA PUBLICAÇÃO [CIP BRASIL]

T828a
TRIGUEIRO, André [1966–]
A arte de seguir em frente / André Trigueiro
Catanduva, SP: InterVidas, 2025
224 p. ; 7,5 × 11 × 1,2 cm

ISBN 978 85 60960 45 3

1. Autoconhecimento
2. Desenvolvimento pessoal 3. Motivação
4. Comportamento 5. Emoções 6. Reflexões
7. Psicologia aplicada

I. Trigueiro, André, 1966–. II. Título

CDD 158.1   CDU 159.942

ÍNDICES PARA CATÁLOGO SISTEMÁTICO
1. Autoconhecimento
: Desenvolvimento pessoal : Motivação
: Comportamento : Psicologia aplicada   158.1

EDIÇÕES
1.ª ed., junho de 2025, 5 mil exs.

IMPRESSO NO BRASIL
PRINTED IN BRAZIL   PRESITA EN BRAZILO

© 2025 by
ORGANIZAÇÕES
CANDEIA
[selos editoriais
InterVidas e Infinda]

A ARTE DE SEGUIR EM FRENTE

DIRETOR GERAL
Ricardo Pinfildi

DIRETOR EDITORIAL
Ary Dourado

CONSELHO EDITORIAL
Ary Dourado
Ricardo Pinfildi
Rubens Silvestre
Thiago Barbosa

DIREITOS DE EDIÇÃO
Organizações
Candeia Ltda.

CNPJ 03 784 317/0001-54
IE 260 136 150 118
R. Minas Gerais, 1 640
Vila Rodrigues
15 801-280
Catanduva SP
17 3524 9801
intervidas.com

COLOFÃO

TÍTULO
A arte de seguir em frente

AUTORIA
André Trigueiro

EDIÇÃO
1.ª

EDITORA
InterVidas [Catanduva SP]

ISBN
978 85 60960 45 3

PÁGINAS
224

TAMANHO MIOLO
7,5 × 11 cm

TAMANHO CAPA
7,5 × 11 × 1,2 cm [orelhas 5 cm]

CAPA
Ary Dourado

FOTO AUTOR
Rachel Guimarães

REVISÃO
Fernando Castilho

PROJETO GRÁFICO & DIAGRAMAÇÃO
Ary Dourado

COMPOSIÇÃO
Adobe InDesign 20.3.1 [macOS Sequoia 15.4.1]

TIPOGRAFIA CAPA
(Cruzine) Dark Type SVG
(Latinotype) Branding [Medium, Bold]

TIPOGRAFIA TEXTO PRINCIPAL
(Latinotype) Branding Medium 11,5/15

TIPOGRAFIA TÍTULO
(Cruzine) Dark Type Regular 16/15

TIPOGRAFIA FÓLIO
(Cruzine) Dark Type Regular 33/30

TIPOGRAFIA DADOS & COLOFÃO
(Latinotype) Branding [SemiBold 6/8; Bold 5/8]

MANCHA
50 × 70,8 mm, 14 linhas [sem título e fólio]

MARGENS
12,5 : 24,4 : 12,5 : 14,8 mm [interna : superior : externa : inferior] [sem título e fólio]

PAPEL MIOLO
ofsete Sylvamo Chambril Book 75 g/m²

PAPEL CAPA
cartão Bohui C1S 250 g/m²

CORES MIOLO
1 × 1; Pantone 2028 U

CORES CAPA
4 × 1; CMYK × Pantone 2028 U

TINTA MIOLO & CAPA
Sun Chemical

PRÉ-IMPRESSÃO CTP
Amsky Aurora T1400/+F5

MISTO
Papel | Apoiando o manejo
florestal responsável
FSC® C108975

Ótimos livros podem mudar o mundo.
Livros impressos em papel certificado
FSC® de fato o mudam.

PROVAS MIOLO & CAPA
Epson Surecolor P5000

IMPRESSÃO
processo ofsete

IMPRESSÃO MIOLO
Manroland Roland 702

IMPRESSÃO CAPA
Manroland Roland 500

ACABAMENTO MIOLO
cadernos de 32 p., costurados e colados

ACABAMENTO CAPA
brochura com orelhas, laminação
BOPP fosco, verniz UV brilho com reserva

PRÉ-IMPRESSOR & IMPRESSOR
Paulus Gráfica [Cotia SP]

TIRAGEM
5 mil exemplares

PRODUÇÃO
junho de 2025

intervidas.com

 intervidas

 editoraintervidas